Jardin d'enfants

ANNE GEDDES

Jardin d'enfants

Fetjaine

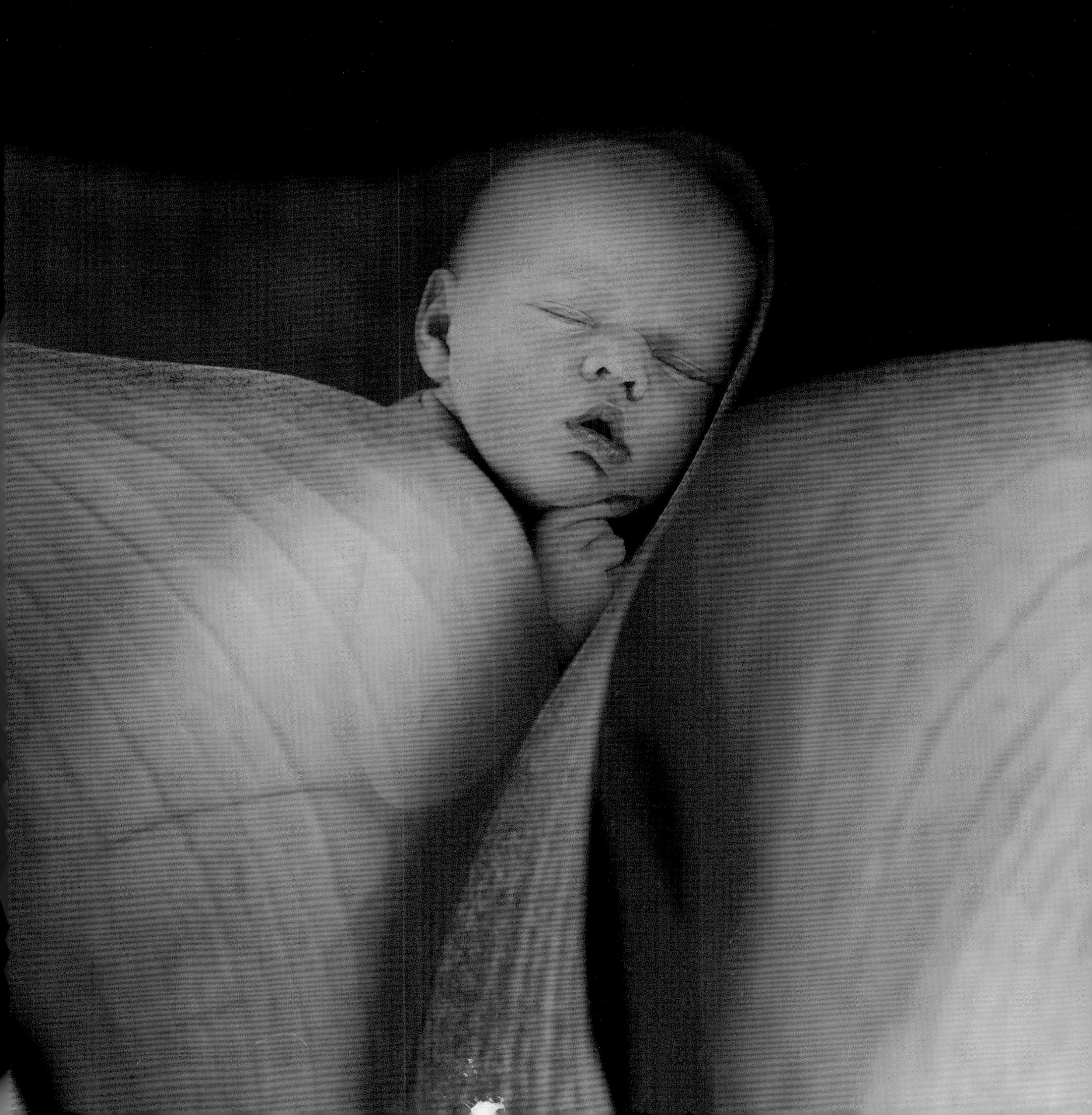

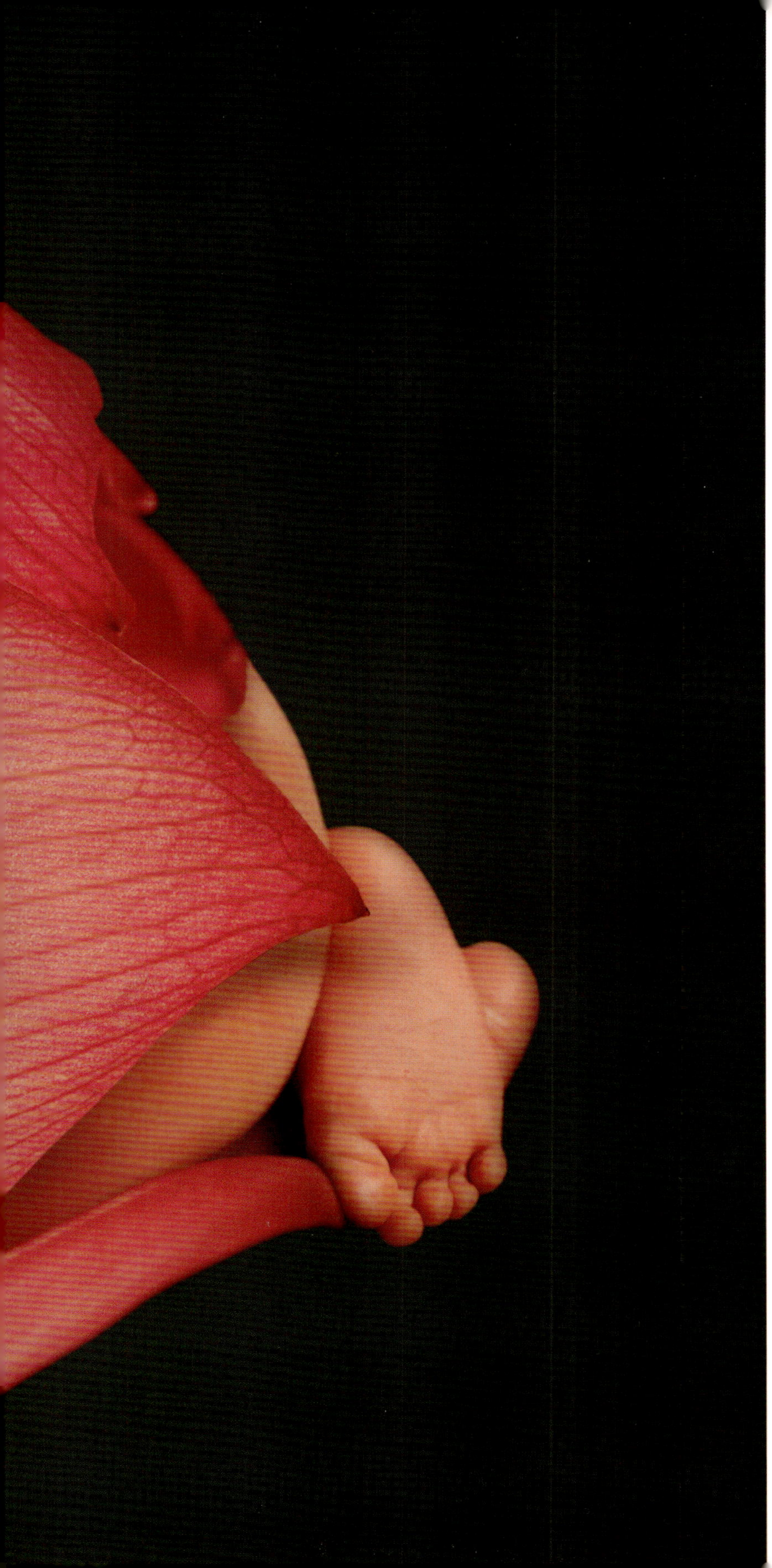

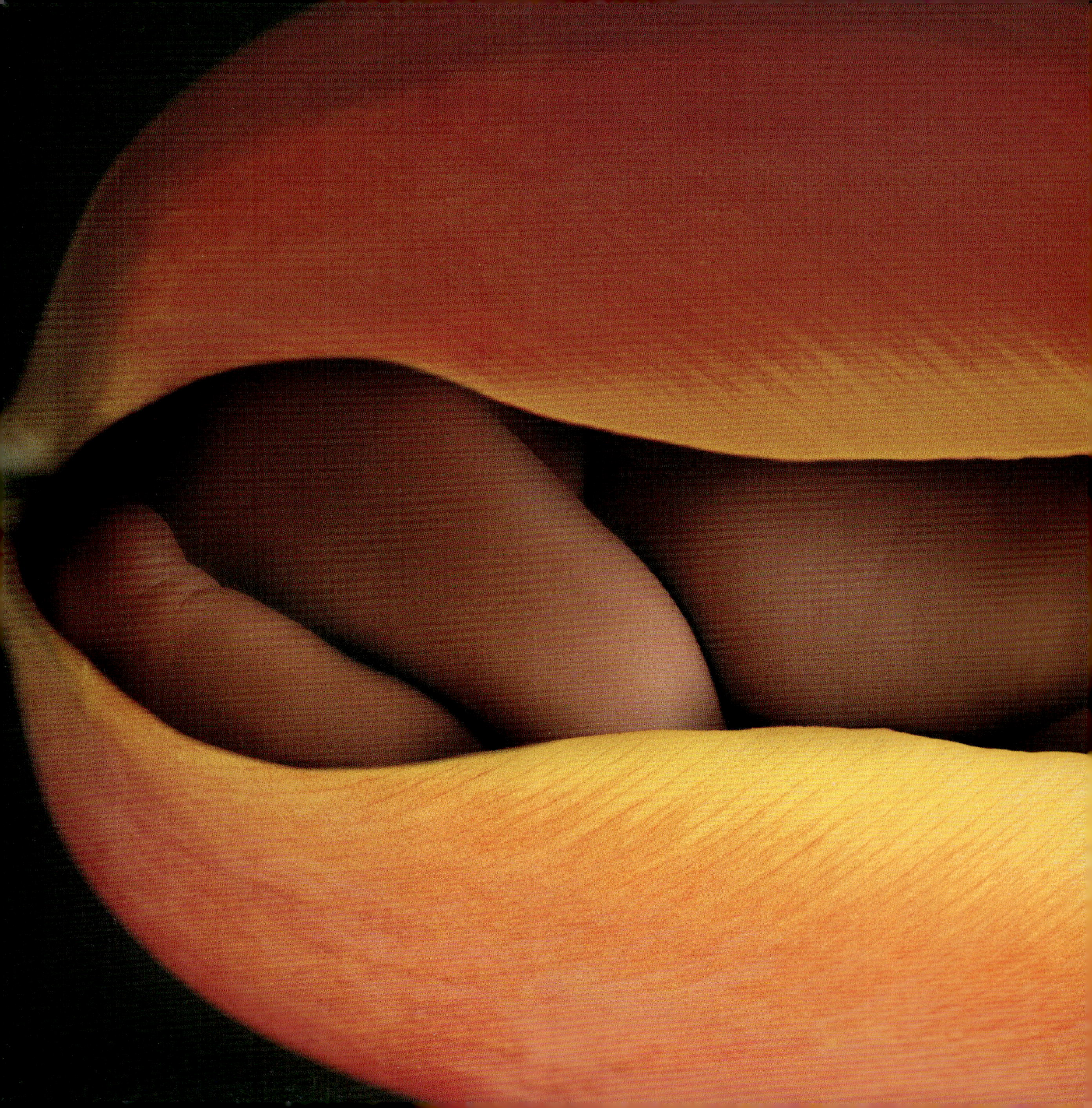

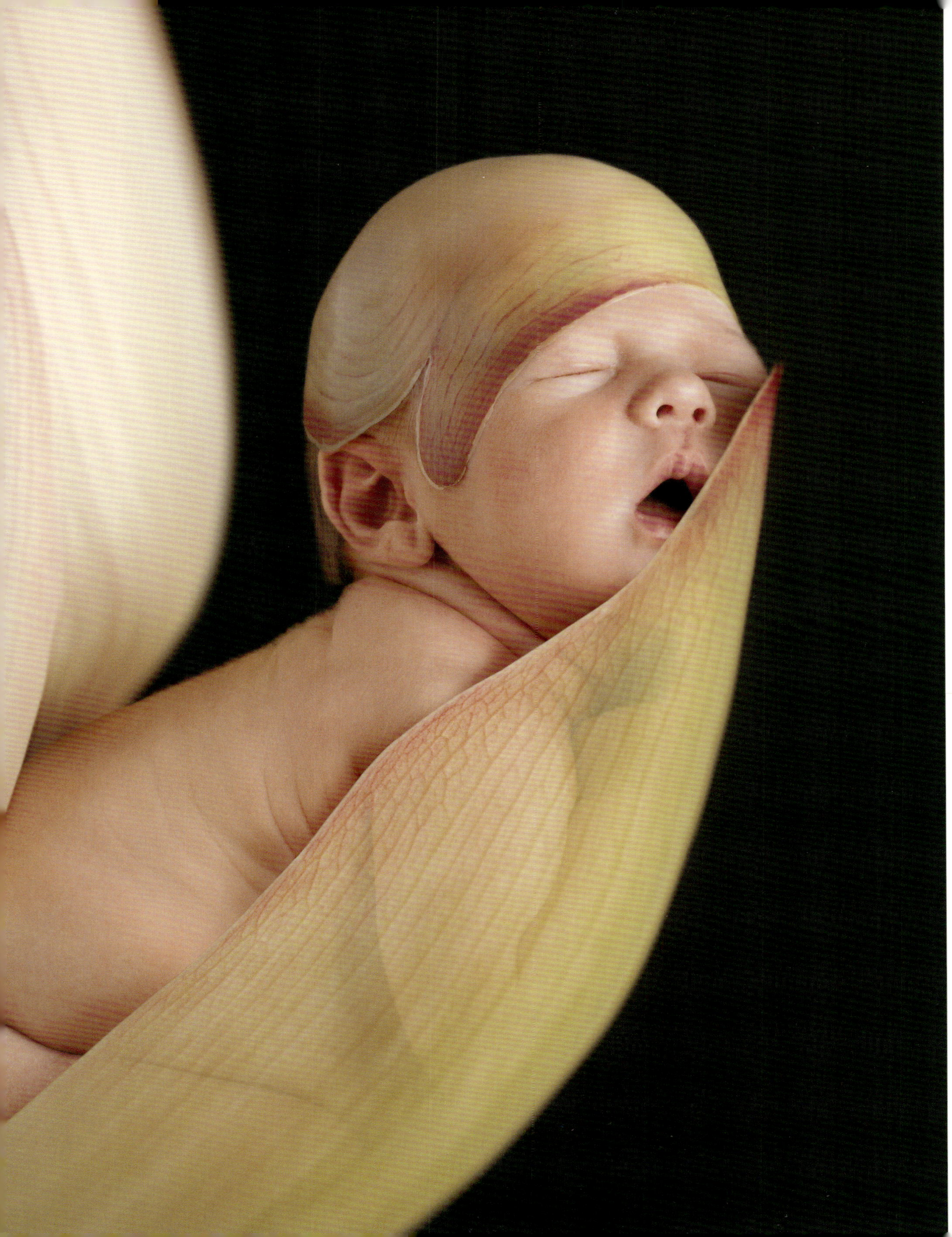

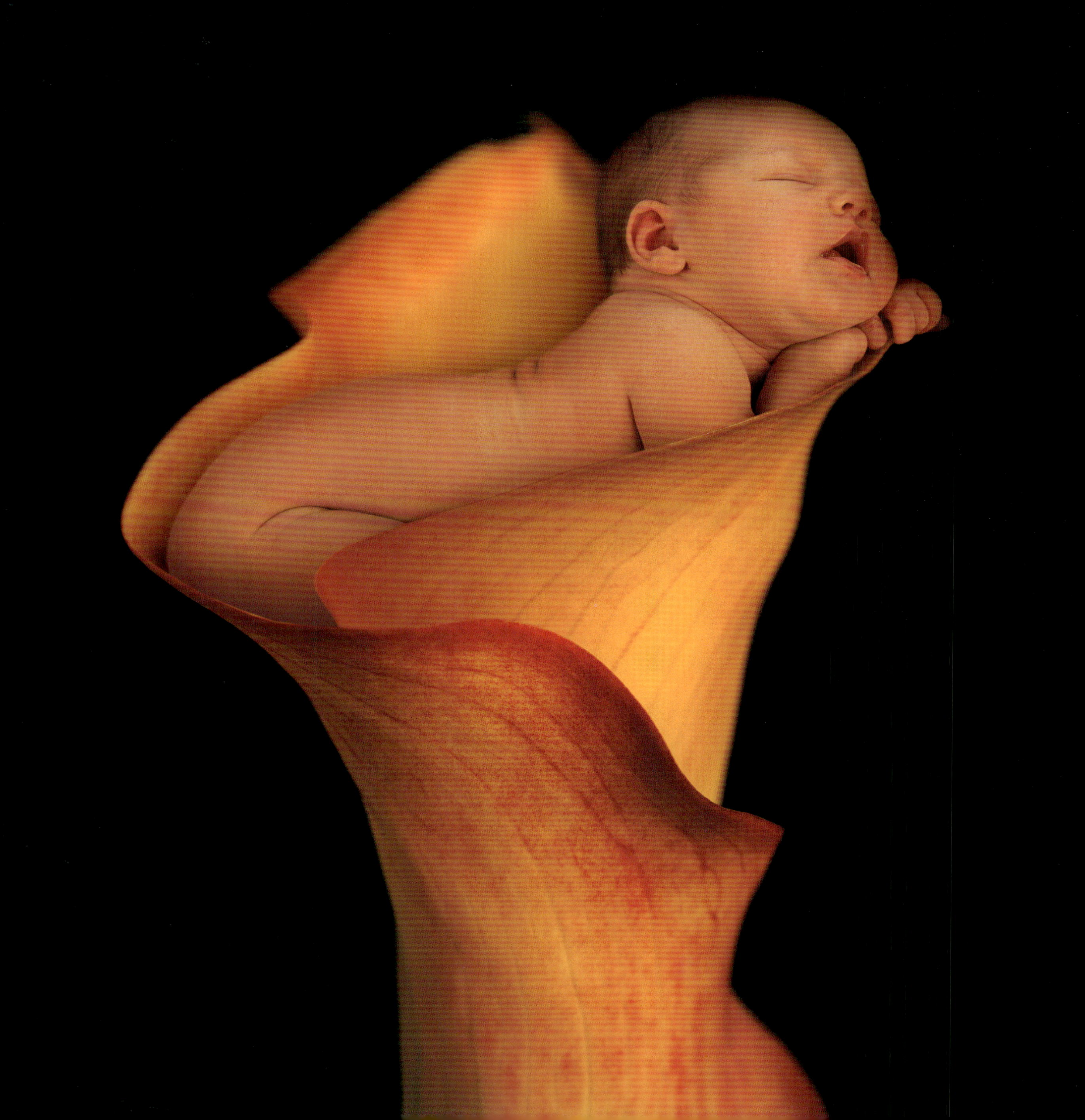

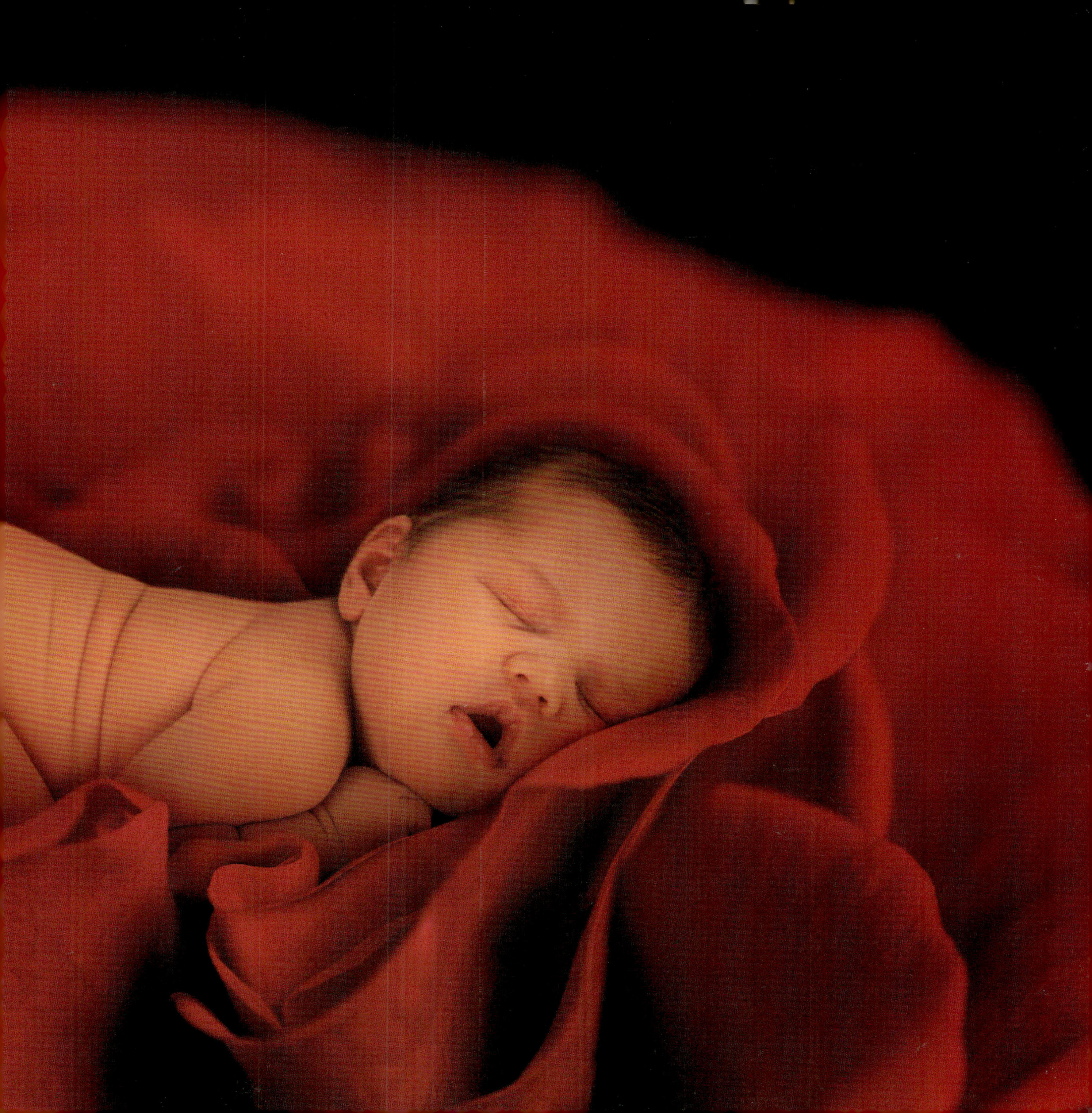

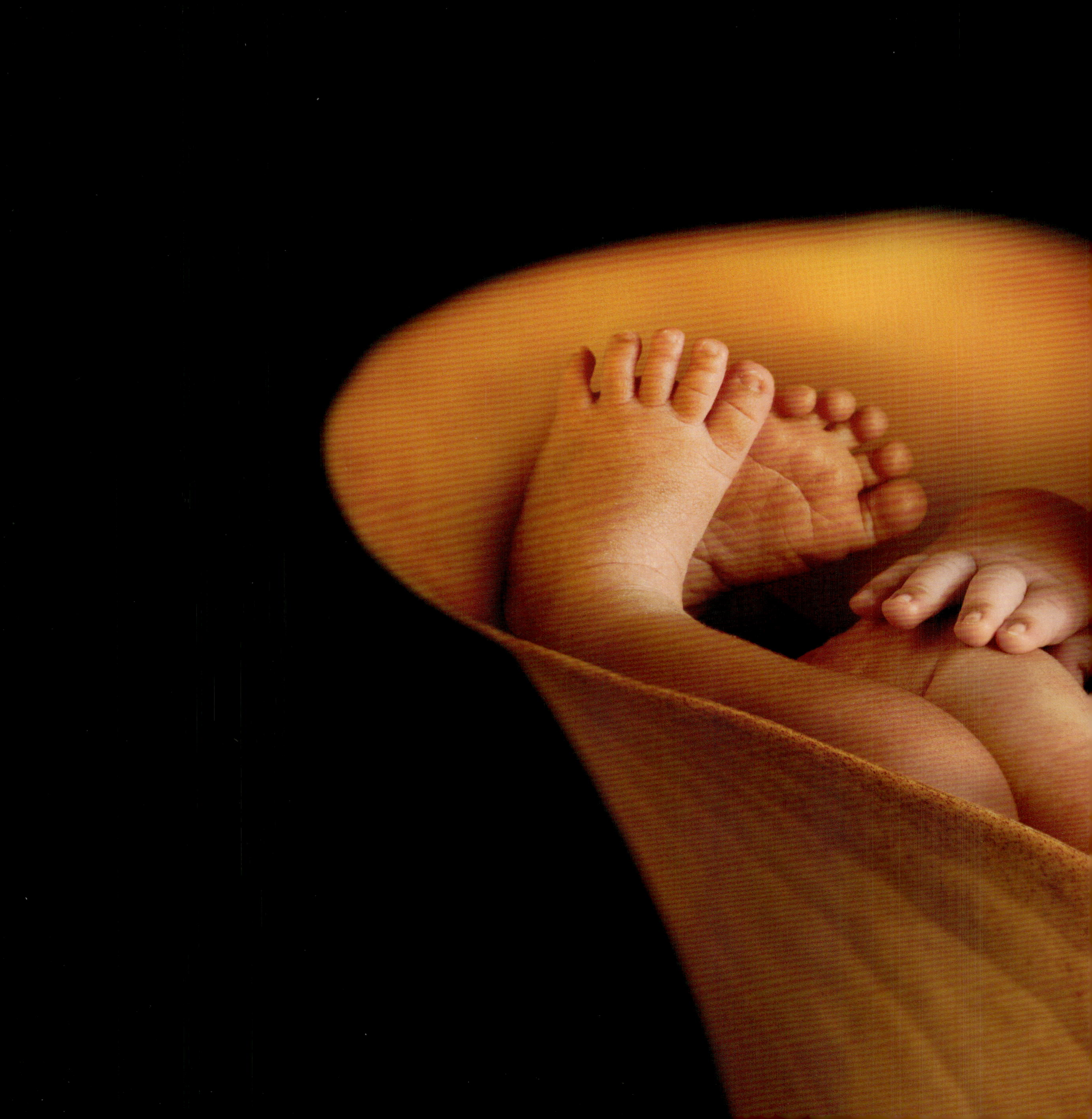

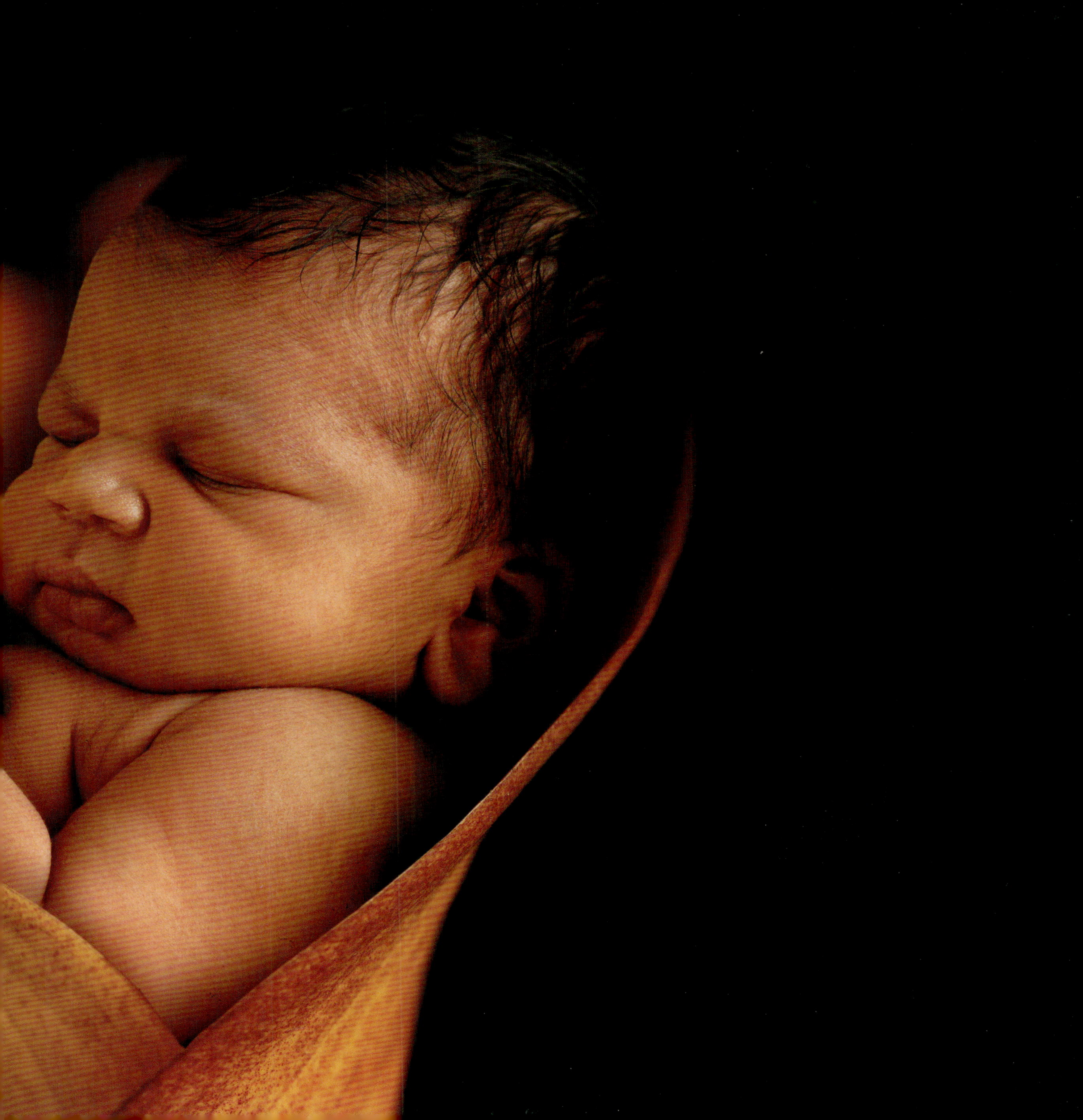

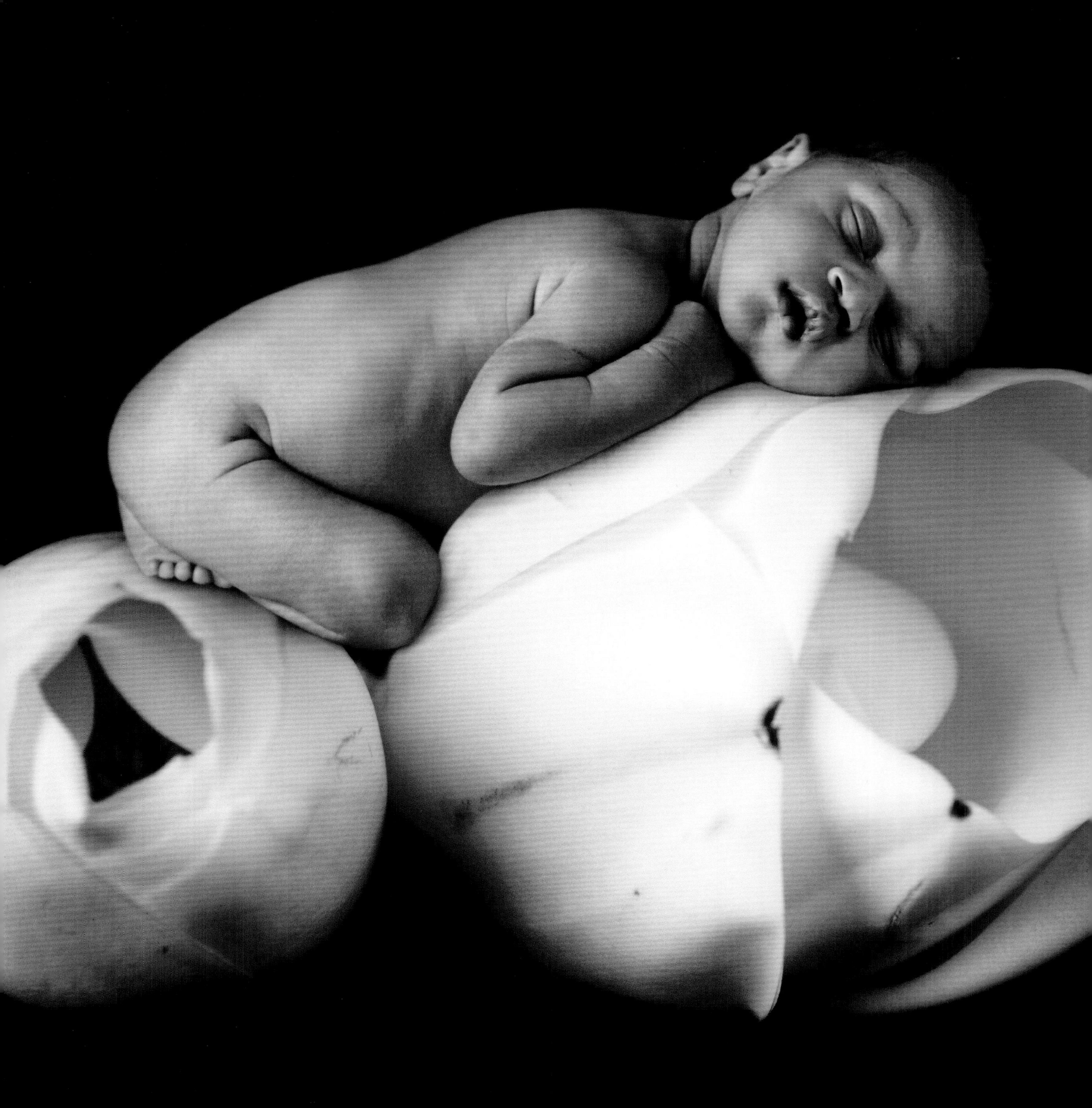

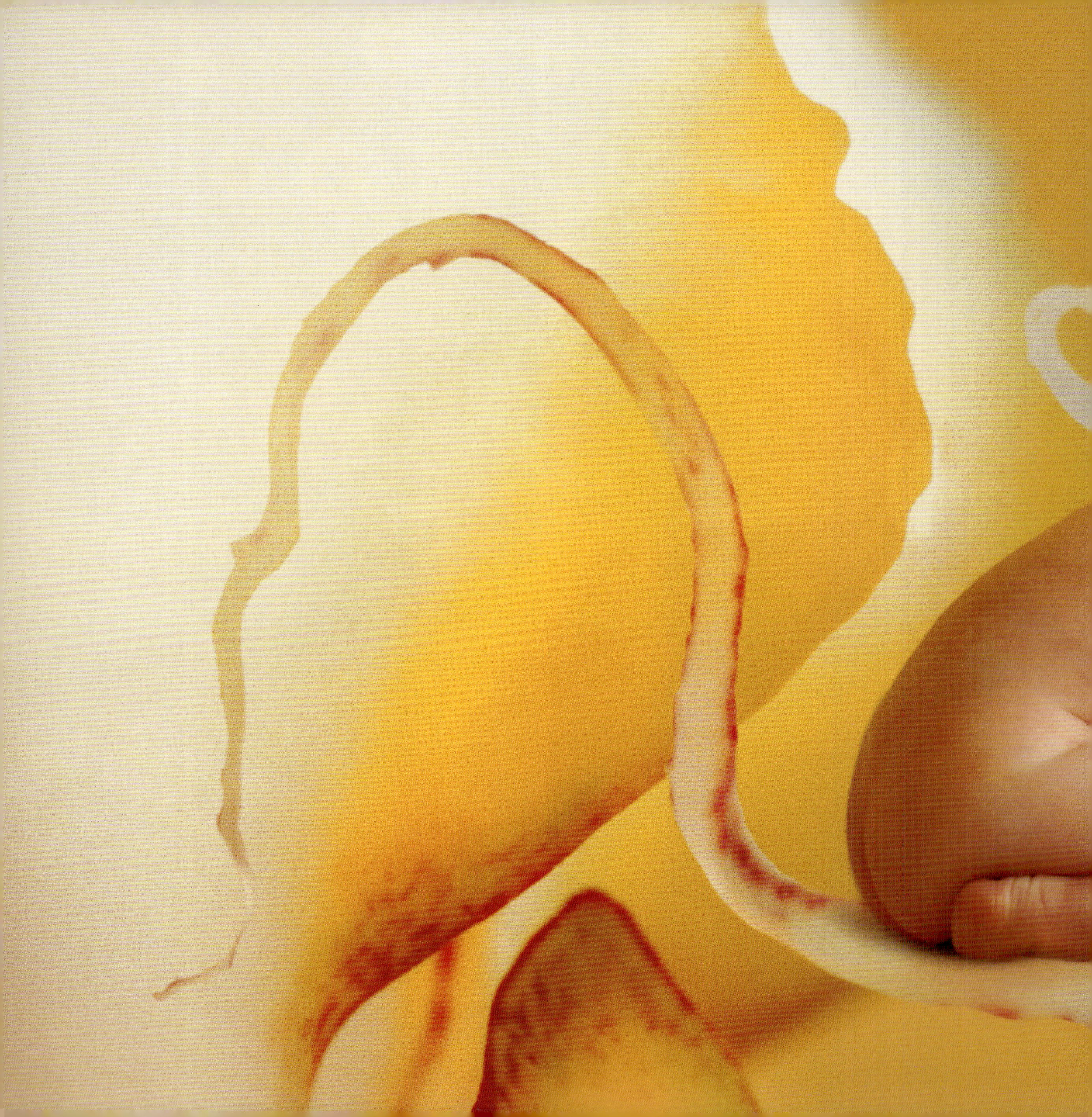

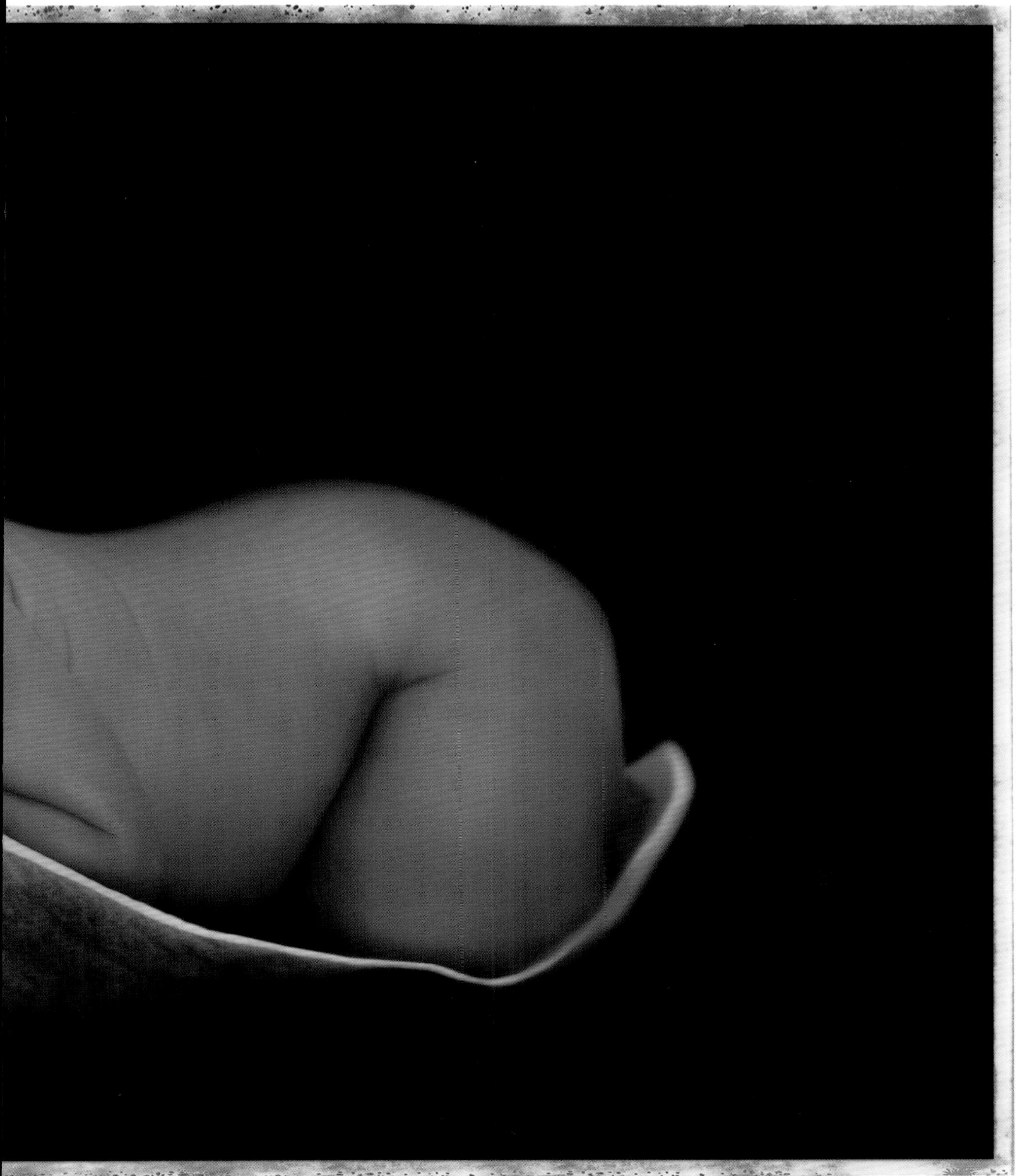

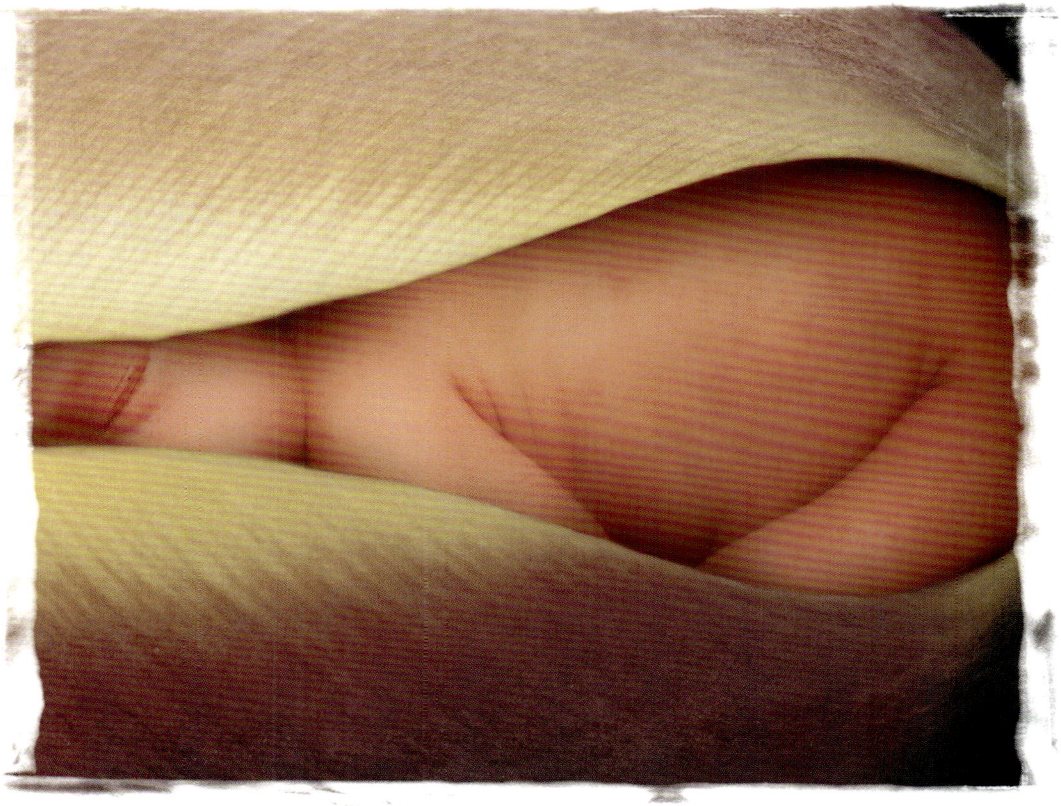

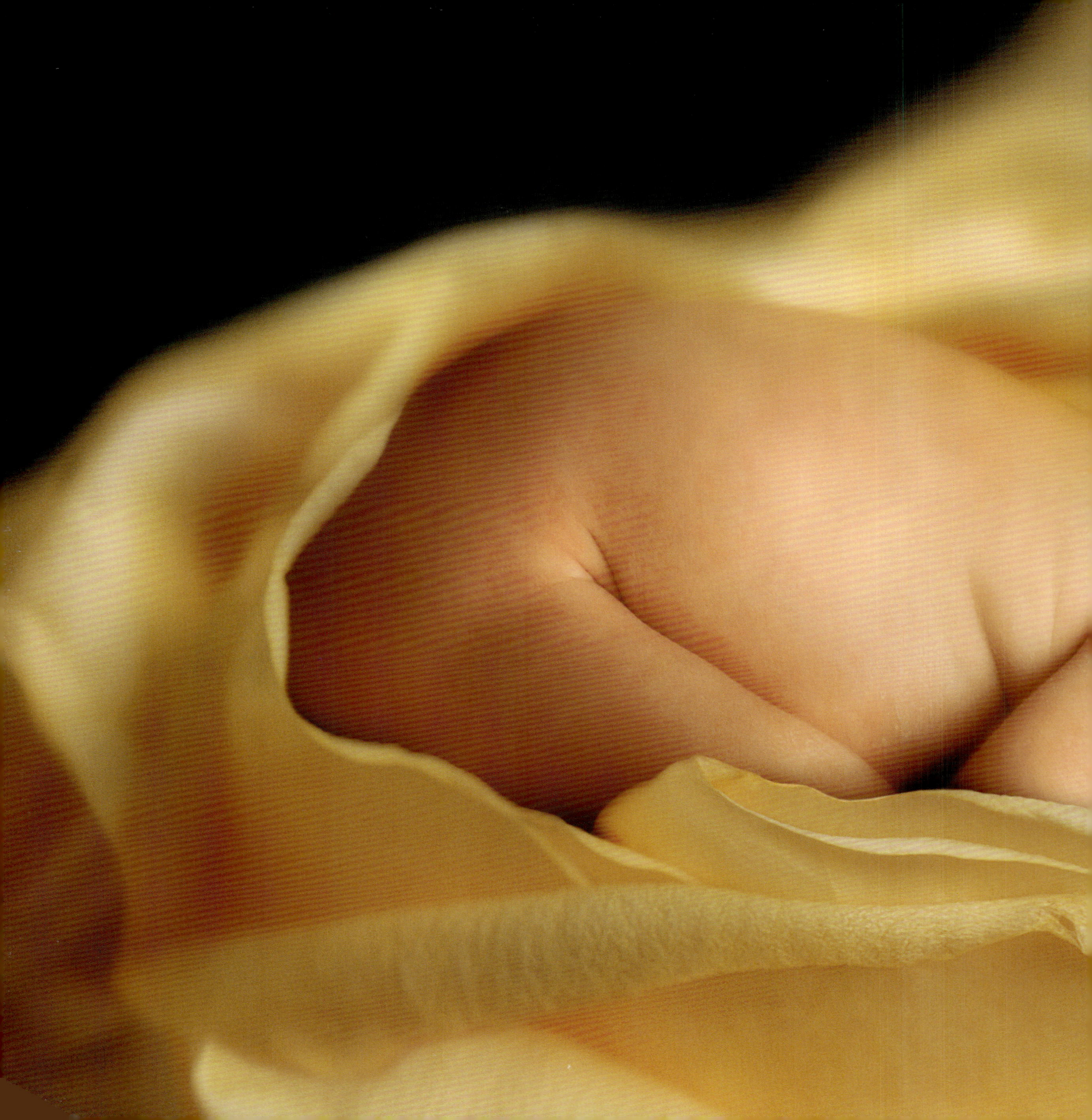

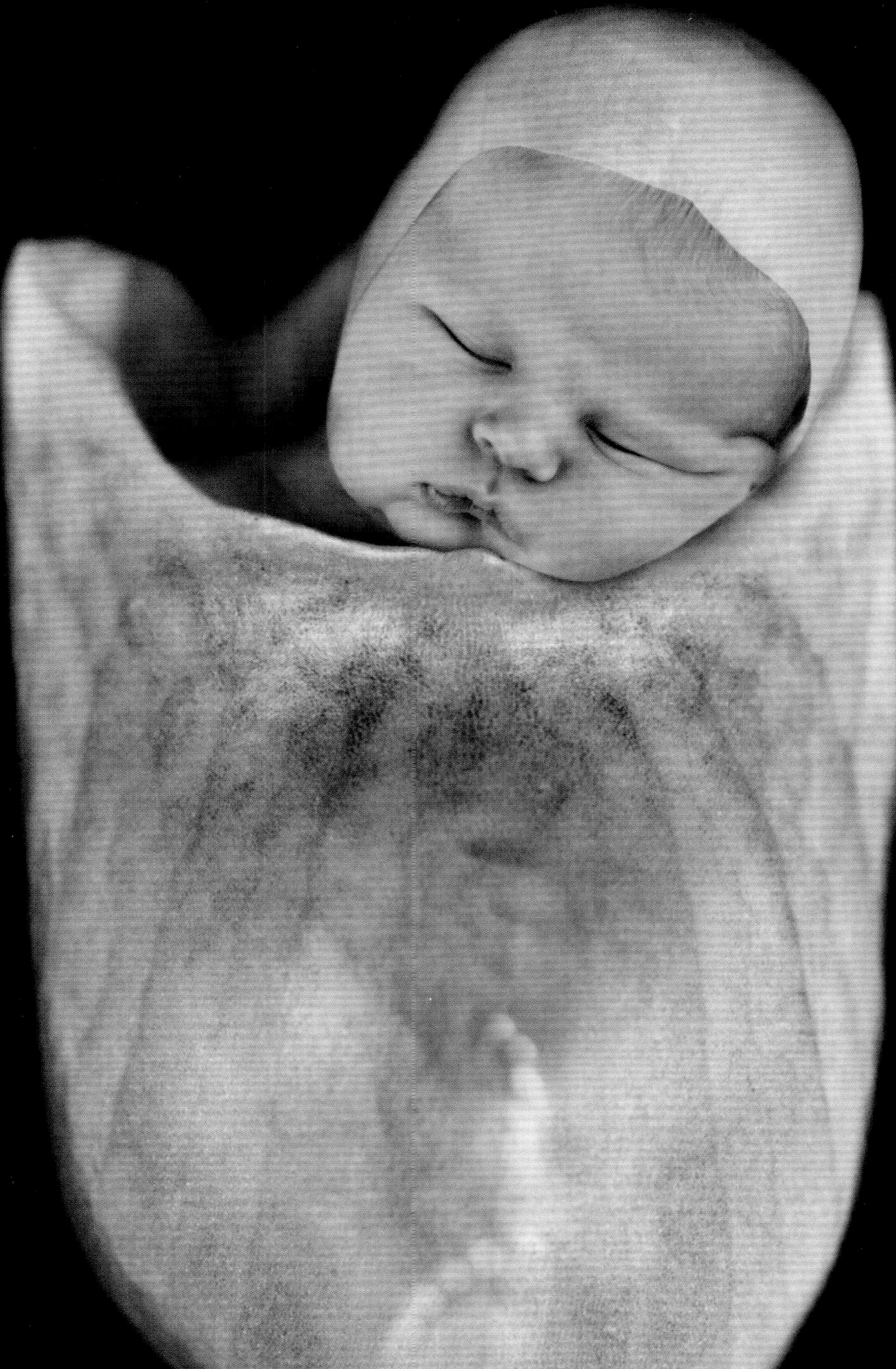

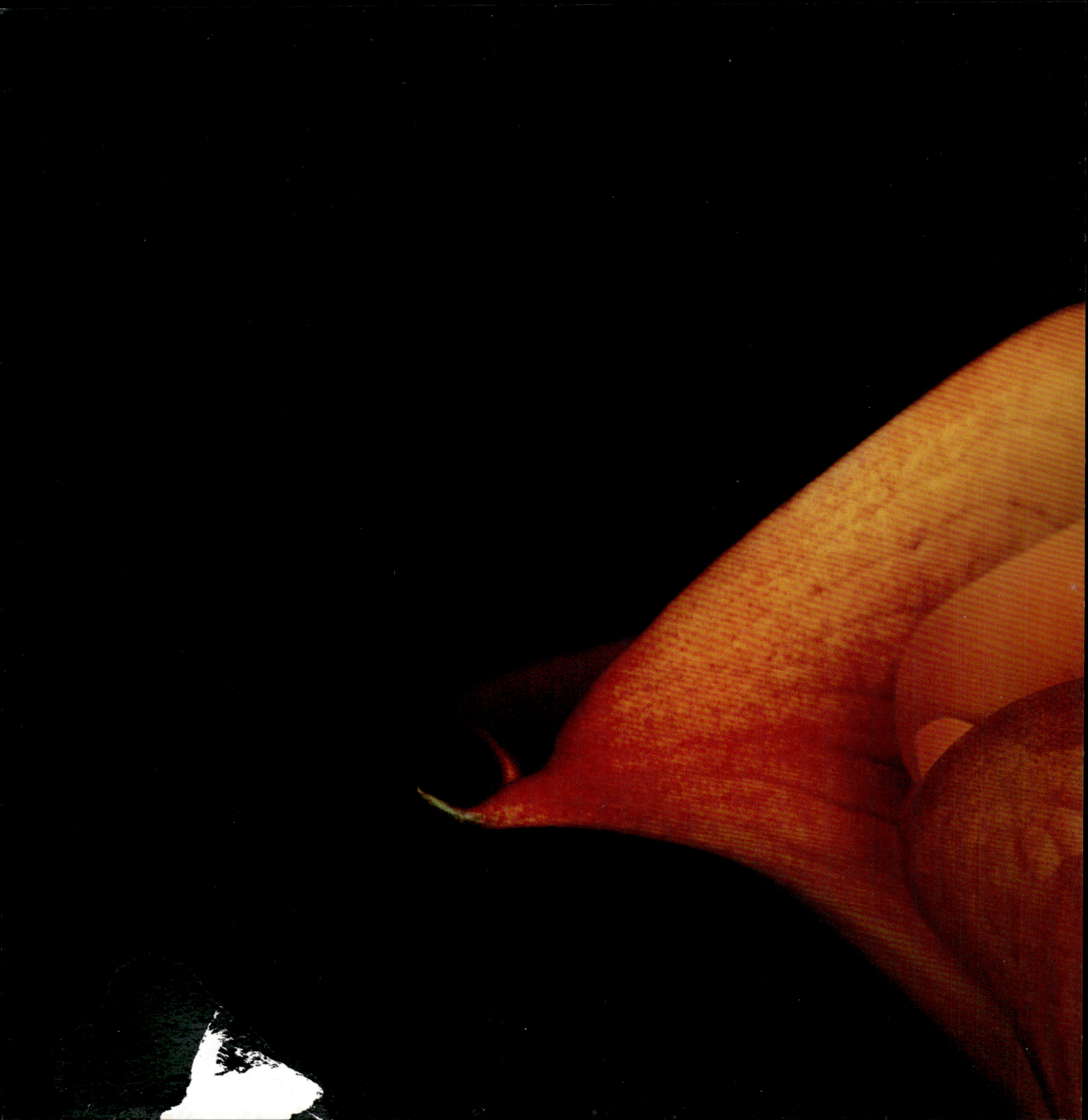

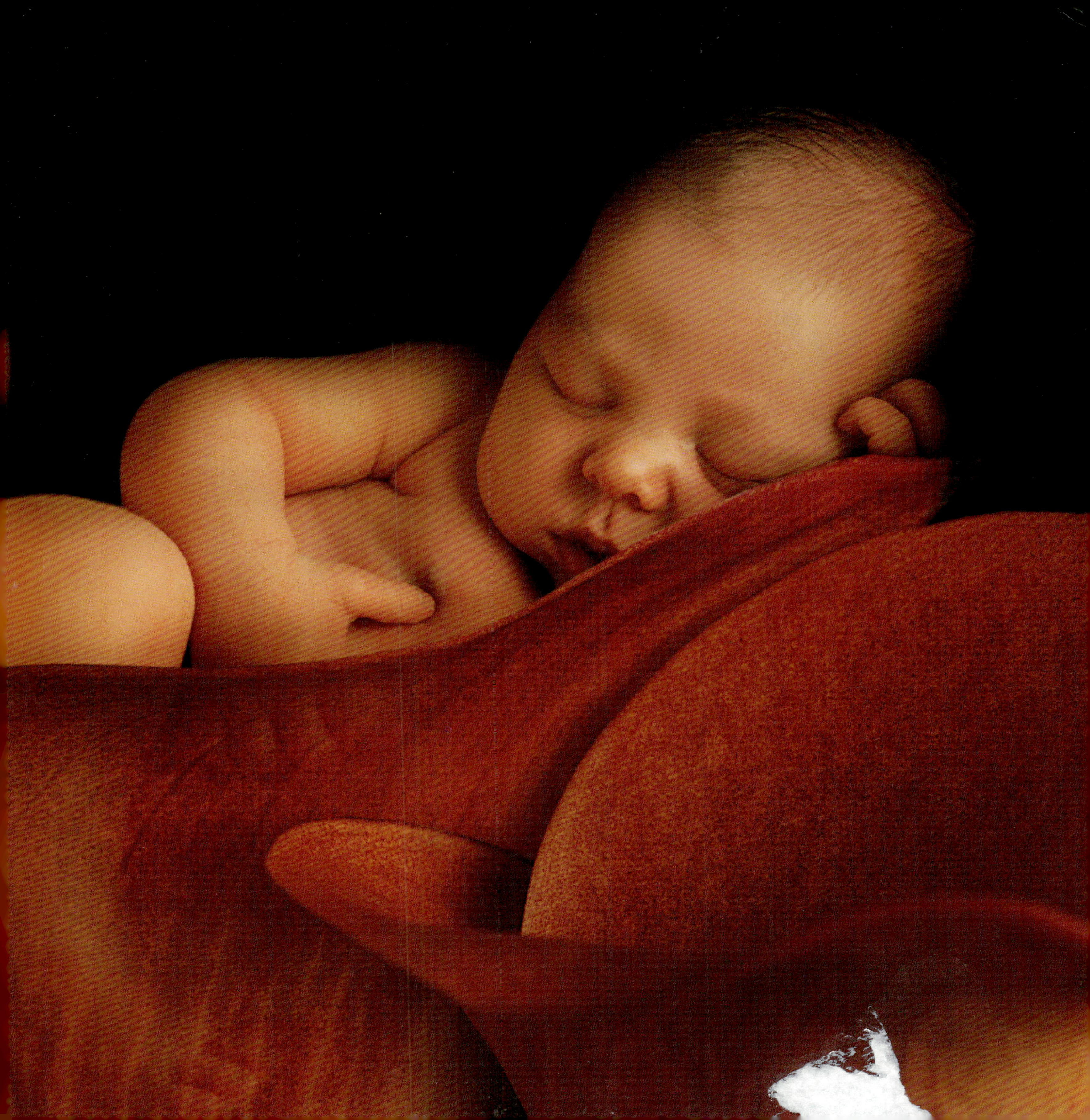

Je trouve que la délicate, fragile et fugace

Beauté des Fleurs

est intimement liée au nouveau-né.

Leur synergie est parfaite.

Tout au long de ma carrière de photographe, j'ai toujours pris un grand plaisir, dans mes moments perdus, à photographier les fleurs.

C'est l'antidote idéal après une semaine passée à travailler avec de tout petits bébés (mon occupation préférée), quand il faut faire attention au moindre détail dans le studio non seulement à l'égard des enfants, mais aussi vis-à-vis des parents et de l'équipe qui m'assiste. Comme je l'explique dans ma « photobiographie », *Comme des images*, je veille constamment à ce que l'ambiance dans le studio soit détendue et agréable pour tout le monde. À ces occasions, je reste en permanence sur mes gardes.

Au contraire, photographier des fleurs n'implique que moi et mon appareil. Je travaille calmement, dans un environnement beaucoup plus paisible. D'autre part, les fleurs ne se plaignent jamais, même quand je prends tout mon temps pour réaliser les photos. Quelques heures passées à admirer la beauté et la complexité d'une fleur me rendent toujours plus créative, plus inspirée.

Anne

ANNE GEDDES®

www.annegeddes.com

Conçu et réalisé par Anne Geddes Publishing
(un département de Hachette Livre NZ Ltd)
4 Whetu Place, Mairangi Bay, Auckland, Nouvelle-Zélande

Une marque de La Martinière Groupe
www.la martinieregroupe.com
ISBN : 978-2-35425-103-1

Retrouvez nos publications sur www.fetjaine.com

Maquette : Lisa Waldren
Production : Kel Geddes

Imprimé par 1010 Printing International Ltd, Hong Kong